ALTERNATE**PICKING** **FÜR**GITARRE

90 musikalische Übungen für die perfekte Wechselschlagtechnik
– Aufbau von Geschwindigkeit, Genauigkeit und Technik

CHRIS**BROOKS**

FUNDAMENTAL**CHANGES**

Alternate Picking für Gitarre

90 musikalische Übungen für die perfekte Wechselschlagtechnik – Aufbau von Geschwindigkeit, Genauigkeit und Technik

ISBN 978-1-78933-369-5

Veröffentlicht von **www.fundamental-changes.com**

Urheberrecht © 2021 Christopher A. Brooks

Herausgegeben von Tim Pettingale

Übersetzt von Daniel Friedrich für translatebooks.com

www.fundamental-changes.com

Titelbild Copyright: Shutterstock, aodaodaodaod

Inhalt

Einführung

Willkommen zu *Alternate Picking für Gitarre*.

Ich wollte eine Methode entwickeln, die in logischen Schritten vom Halten des Plektrums zu Hochgeschwindigkeits-Licks führt. Wie bei einem Roadtrip kennen wir den Start- und Zielpunkt unserer Reise, aber es ist hilfreich, wenn wir unterwegs Zwischenstopps einplanen.

Da es beim Alternate Picking (oder Wechselschlag) um mehr geht als um das einfache Auf- und Abbewegen des Plektrums oder das Eintauchen in Licks, war es sinnvoll, die Schritte, die zwischen „Anfänger" und „Gitarrenheld" liegen, aufzuteilen und die Herausforderungen und Lösungen für jede Stufe der Entwicklung des Wechselschlags zu analysieren.

Beginnend mit der Griffweise und der Bewegung des Plektrums bekommst du einen Eindruck davon, was dich erwartet, wenn wir das Picking in Kategorien wie Single-String-Technik, Saitenwechsel nach Up- und Downstrokes, Tonleitersequenzen, Aufbau einer Bibliothek von Licks und mehr unterteilen.

Neben den Licks, die zur Verbesserung der in jedem Kapitel behandelten Technik dienen, werden wir jedes Konzept in realen musikalischen Situationen mit Etüden anwenden. Diese kurzen Stücke ermöglichen es dir, deine fortschreitende Technik auf die im Audio-Download enthaltenen Backing-Tracks in Studioqualität anzuwenden.

Ich helfe dir auch, eine Übungsroutine zu entwickeln, mit der du deine Zeit optimal nutzen kannst. In nur dreißig Minuten kannst du mit dem Material in diesem Buch ein effektives Picking-Workout erstellen.

Es ist Zeit, dass wir uns auf den Weg machen, also schnapp dir ein Lunchpaket und etwas zu trinken, und los geht's!

Chris Brooks

Audio abrufen

Die Audiodateien zu diesem Buch kannst du kostenlos von **www.fundamental-changes.com** herunterladen. Der Link befindet sich in der oberen rechten Ecke. Wähle einfach diesen Buchtitel aus dem Dropdown-Menü aus und folge den Anweisungen, um die Audiodateien zu erhalten.

Wir empfehlen dir, die Dateien direkt auf deinen Computer (nicht auf dein Tablet) herunterzuladen und sie dort zu extrahieren, bevor du sie zu deiner Medienbibliothek hinzufügst. Du kannst sie dann auf dein Tablet oder deinen iPod laden oder auf CD brennen. Auf der Download-Seite findest du ein Hilfe-PDF, und wir bieten auch technische Unterstützung über das Kontaktformular.

Über 350 kostenlose Gitarrenlektionen mit Videos findest du hier:

www.fundamental-changes.com

Trete unserer kostenlosen Facebook-Gemeinschaft von coolen Musikern bei

www.facebook.com/groups/fundamentalguitar

Markiere uns zum Teilen auf Instagram: **FundamentalChanges**

Kapitel Eins: Griffweise und Bewegung des Plektrums

Beginnen wir damit, welche Art von Plektrum du verwenden und wie du es halten solltest.

Auswahl treffen

Plektren sind eine persönliche Entscheidung, daher zwinge ich niemandem eine bestimmte Sorte auf, aber es ist wichtig, die Eigenschaften eines guten Plektrums zu berücksichtigen, wobei die eigenen Ziele der entscheidende Faktor sind.

Dünne Plektren können beim akustischen Strumming lebhaft und perkussiv klingen - was schön ist -, aber ein biegsames Plektrum spricht wahrscheinlich nicht schnell genug für schnelle Picking-Linien an. Wenn du richtiges Shredding spielst, kann die Zeit, die jeder Plektrumschlag braucht, um die Saite zu verlassen, ein Gefühl von Latenz oder mangelnder Synchronisation der Hände erzeugen.

Wenn Geschwindigkeit eines deiner Ziele ist, versuche es mit einem mittleren oder dicken Plektrum. Nimm ein halbes Dutzend Plektren verschiedener Dicken, Formen und Materialien zur Hand und probiere sie nacheinander durch. Plektren mit einer Stärke von 1,0 mm oder mehr sollten eine angemessene Reaktionszeit bieten.

Hier sind einige Möglichkeiten, wenn du experimentieren möchtest:

- Swiss Picks *Jazz Plus* 1.8mm (meine erste Wahl)

- Dunlop *Delrin 500* 1.5mm (das Yngwie Malmsteen Plektrum)

- Dunlop *Jazz III* 1.38mm (die Wahl unzähliger Speedpicker)

- Dunlop *Flow Series John Petrucci* oder *Flow Gloss* 2.00mm

- V-Picks *Pearly Gates* 2.75mm

Haltung des Picks

Ich verwende beim Spielen zwei beliebte Griffweisen, die ich als Ausgangspunkt für deine eigene Griffweise vorschlage. Ich nenne sie den *Curl-Griff* und den *Lax-Griff*. Deine Hand muss nicht genau so aussehen wie meine, aber die Abbildungen bieten einen Ausgangspunkt.

Egal, für welchen Ansatz du dich entscheidest, achte immer darauf, dass ausreichend viel vom Plektrum herausragt. Wenn nur ein winziger Teil des Plektrums frei liegt, hast du keine vollständige Kontrolle über den Winkel des Plektrums, und du wirst zu gegebener Zeit sehen, wie wichtig diese Kontrolle ist.

Beim Curl-Griff (Abbildung 1a) werden der Daumenballen und die Seite des gekrümmten Zeigefingers (erstes Fingerglied) verwendet. Die anderen Finger neigen dazu, sich ebenfalls zu krümmen und liegen nicht auf der Gitarre auf.

In der Abbildung ist mein Daumen gebeugt, er kann aber auch gestreckt werden und über die seitliche Kante des Plektrums laufen, wenn das bequemer ist. Wichtig ist, dass du das Plektrum nicht so weit in den Daumen schiebst, dass du die Kontrolle verlierst.

Variationen des Curl-Griffs werden von Spielern wie Al Di Meola, Paul Gilbert, Rusty Cooley, Guthrie Govan und Vinnie Moore verwendet, die alle dafür bekannt sind, sehr knackige und präzise Picking-Linien zu spielen.

Abbildung 1a:

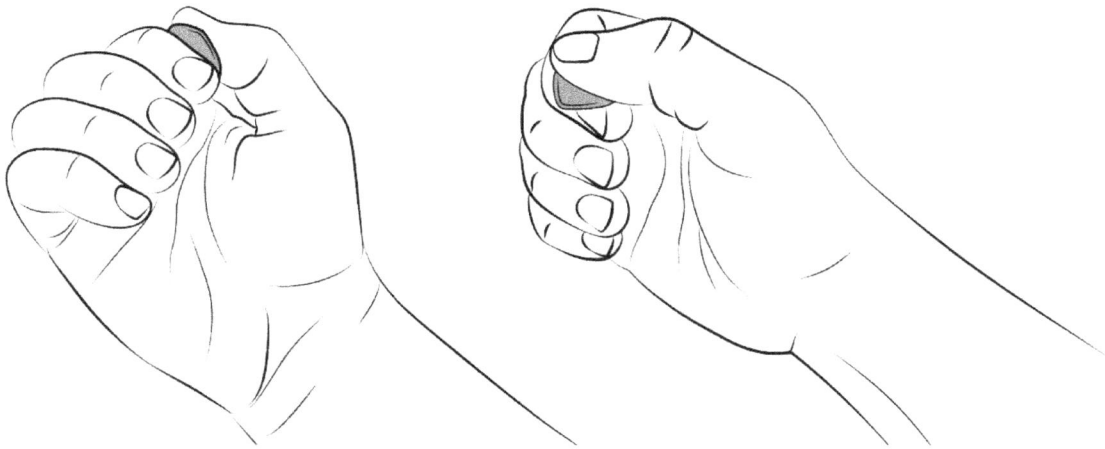

Der Lax-Griff (Abbildung 1b) hat einen geraderen, entspannteren Zeigefinger und kombiniert einen Teil des Zeigefingers mit dem Daumenballen. Der Rest der Finger ist je nach Zweck oft offener.

Manche Spieler verwenden diesen Griff, um ihre Finger ein wenig zu entspannen (wie Joe Satriani und Steve Vai), andere, um sie beim Picking über das Schlagbrett oder die Saiten gleiten zu lassen (wie Yngwie Malmsteen), um Hybrid-Picking zu spielen (Johnny Hiland, Albert Lee) oder sie an einem Ankerpunkt zu verankern (John Petrucci).

Abbildung 1b:

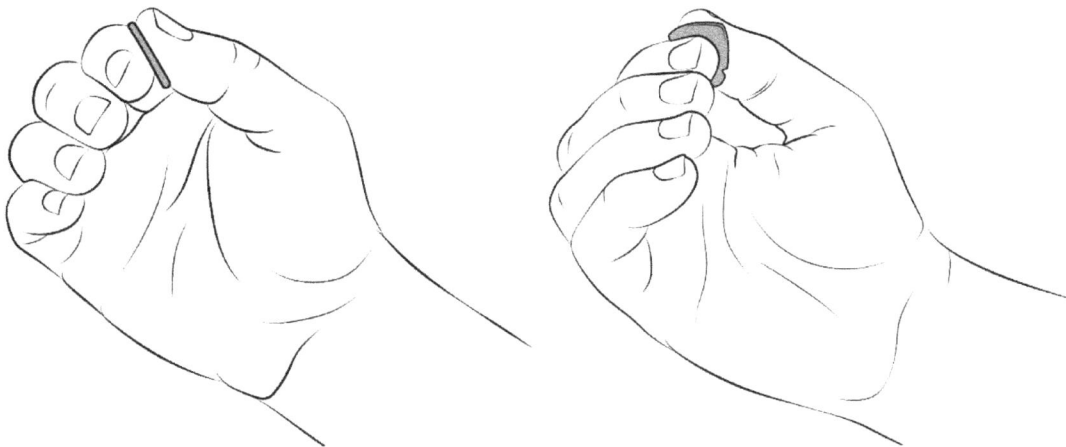

Wenn du deine Picking-Hand in Position bringst und bereit bist, die Saiten anzuschlagen, stelle zunächst die Richtung des Plektrums so ein, dass es nach unten auf die Gitarre zeigt (nicht schräg auf den Hals oder den Steg).

Anwinkeln für Geschwindigkeit

Studiere die Abbildung 1c unten. Um den Spielfluss zu verbessern und die Reibung zu verringern, kann das Plektrum so versetzt werden, dass die *Kante* des Plektrums die Saite berührt. Bei den oben abgebildeten Griffen berührt die *äußere Kante* des Plektrums die Saite bei Abschlägen und die *innere Kante* die Saite bei Aufschlägen.

In Abbildung 1c wird ein leichtes Anwinkeln der Plektrumkante mit einem ausgeprägteren Anwinkeln verglichen. Der Winkel hängt von der Position deiner Hand ab und davon, ob dein Daumen gebeugt oder gestreckt ist.

Abbildung 1c:

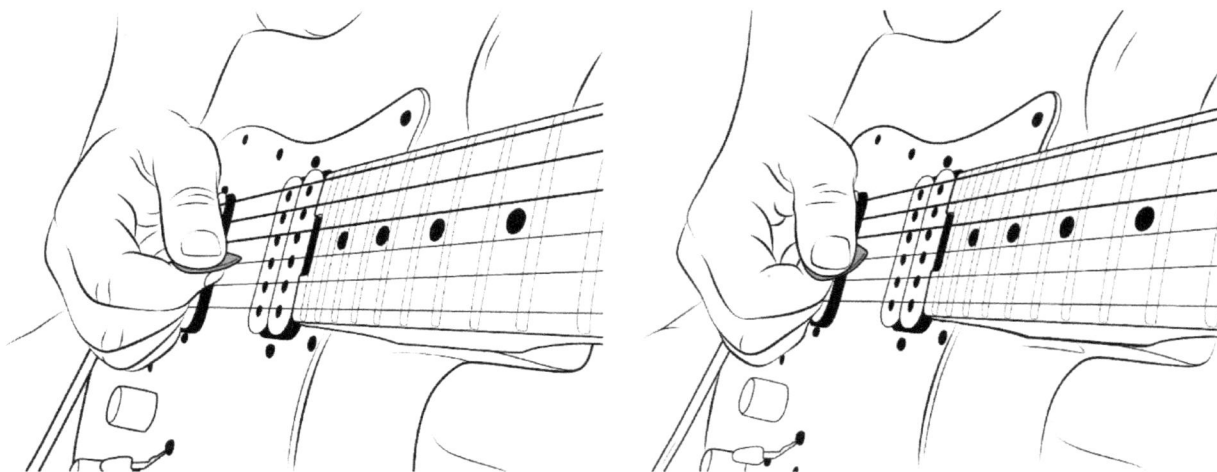

Welcher ist der beste? Nun, Probieren geht über Studieren, experimentiere also mit verschiedenen Griffweisen mit den Übungen aus den folgenden Kapiteln, um deinen Favoriten zu ermitteln.

Grundlagen der Picking-Bewegung

Es folgt ein kurzer Überblick über die Picking-Bewegungen, die wir in den nächsten Kapiteln behandeln werden.

Wenn du die Beispiele aus diesem Buch studierst, musst du dir überlegen, wo ein Plektrumschlag beginnt und wo er endet, und diese beiden Punkte auf die praktischste Weise miteinander verbinden.

In vielen Fällen ist der logischste Weg zwischen diesen beiden Punkten eine gerade Linie. Mit anderen Worten: Du solltest es vermeiden, das Plektrum bei jeder Note in die Saiten hinein- und wieder herauszubewegen, wenn es nicht notwendig ist. Dies ist eine Angewohnheit, in die viele Spieler verfallen, und sie ist einer der Hauptfaktoren, die den Aufbau einer effizienten Wechselschlagtechnik behindern.

Manchmal müssen wir die geradlinige Picking-Bewegung abwinkeln, um nach einem Aufschlag aus den Saiten zu kommen, manchmal auch nach einem Abschlag. Der entscheidende Faktor ist, wo das Plektrum als Nächstes sein muss, je nach dem gespielten Lick.

Abbildung 1d zeigt, wie sich das Plektrum beim Abschlag in die G-Saite *hineinbewegt* und beim Aufschlag wieder über sie zurückkehrt. Wir werden diesen Zupfwinkel in Kapitel drei verwenden.

Abbildung 1d:

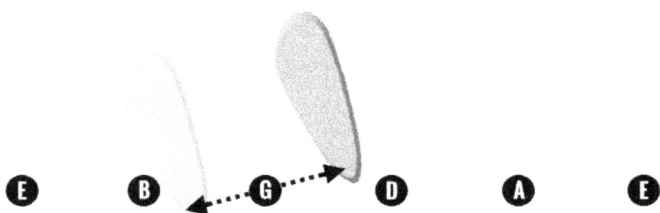

Abbildung 1e zeigt, wie sich das Plektrum beim Abschlag aus der G-Saite *herausbewegt* und beim Aufschlag unter sie zurückkehrt. Dieser Winkel wird im vierten Kapitel verwendet.

Abbildung 1e:

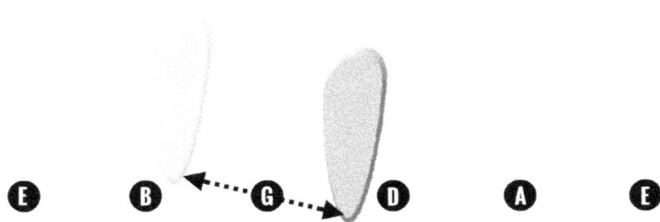

Für das Picking auf nur einer Saite (Kapitel zwei) ist jeder Winkel in Ordnung, da es keine Saitenwechsel gibt, die zu bewältigen sind. Wir werden jeden Ansatz zu gegebener Zeit genauer besprechen, und ich werde genau darauf hinweisen, worauf zu achten ist, wenn wir die einzelnen Kapitel durchgehen. (Wenn du tiefer in die biomechanischen Aspekte des Pickings einsteigen willst, ist mein Buch *Neoklassische Geschwindigkeitsstrategien für Gitarre* eine gute Wahl).

Bevor wir beginnen, nimm dir einen Moment Zeit, um dir den Plan der Reise anzusehen, auf die wir uns begeben werden. Wenn du bereit bist, lass uns loslegen!

Der Fahrplan

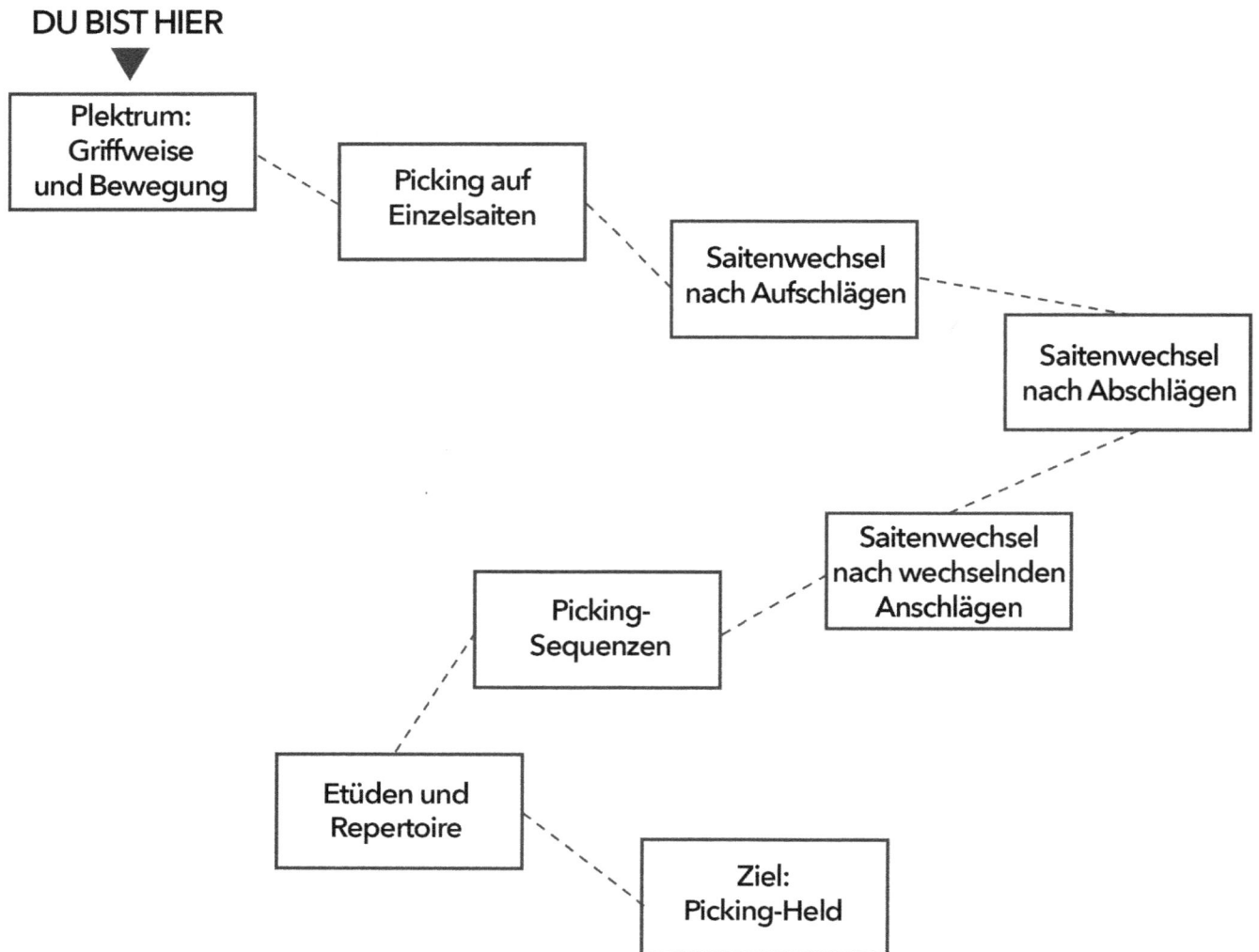

DU BIST HIER

Plektrum:
Griffweise
und Bewegung

Picking auf
Einzelsaiten

Saitenwechsel
nach Aufschlägen

Saitenwechsel
nach Abschlägen

Saitenwechsel
nach wechselnden
Anschlägen

Picking-
Sequenzen

Etüden und
Repertoire

Ziel:
Picking-Held

Kapitel Zwei: Sequenzen auf einzelnen Saiten und Geschwindigkeit

Das Einzelsaiten-Picking ist die erste logische Station auf dem Weg zum perfekten Wechselschlag. Durch die Arbeit mit nur einer Saite kannst du dein Timing, deine Synchronisation und Geschwindigkeit verbessern und eine solide Grundlage für die Beispiele aus den anderen Kapiteln schaffen.

Zunächst konzentrieren wir uns in Beispiel 2a auf den Verlauf des Plektrums bei seiner Bewegung in die Saiten hinein und aus ihnen heraus.

Bringe das Plektrum nach jedem Abschlag auf der gleichen Bewegungslinie nach oben, um den Aufschlag zu spielen. Verwende also keine U-förmige Bewegung. Die Plektrumschläge spiegeln sich.

Bei Übungen auf Einzelsaiten spielt es keine Rolle, ob die Bewegungslinie des Pickings nach innen geneigt ist, so dass die Abschläge unter die Oberfläche der Saiten gelangen (siehe Abbildung 1d), oder nach außen geneigt ist, so dass die Abschläge über den Saiten landen (Abbildung 1e).

Beispiel 2a:

Um die Finger in Bewegung zu bringen und ein wenig an der Synchronisation zu arbeiten, verwendet Beispiel 2b eine offene B-Saite und auf- und absteigende chromatische Fingersätze.

In den Takten eins und zwei verwendest du die Finger 1, 2, 3, 4 und verschiebst sie alle zwei Schläge um einen Bund nach oben. In den Takten drei und vier kehrst du den Fingersatz um und verschiebst ihn alle zwei Zählzeiten um einen Bund nach unten.

Um die gegriffenen Noten auf Ab- und Aufschlägen zu synchronisieren, beginnst du dieses Beispiel auf einem Abschlag und wiederholst es dann auf einem Aufschlag. Für eine Erweiterung der Übung kannst du sie auf die anderen Saiten übertragen.

Beispiel 2b:

Um die Sache musikalischer zu gestalten, verwenden die übrigen Beispiele in diesem Kapitel Fragmente der E-Moll-Tonleiter.

In Beispiel 2c werden vier 1/16tel-Noten und eine 1/4-Note in jeder Position des Licks verwendet. Die Mischung aus schnellen und langsamen Noten sollte es dir ermöglichen, ein gewisses Tempo in Schüben zu spielen, ohne dass du aus der Puste kommst.

Mache ein paar saubere, kontrollierte Versuche mit dem Lick, beschleunige es dann in freier Zeit über mehrere Wiederholungen und schaue, ob du es immer noch spielen kannst, wenn du an die Grenze deiner Fähigkeiten kommst.

Die Entwicklung der Geschwindigkeit ist etwas, das man gezielt anstreben muss. Schnelligkeit stellt sich nicht von selbst ein, indem man einfach nur langsam übt, so wie man auch nicht durch Gehen ein besserer Läufer wird.

Warte mit Wiederholungsübungen, bei denen du die Geschwindigkeit mit einem Metronom misst, bis zum Ende des Kapitels, wo ich dir einige Tipps zum Erstellen deiner ersten Übungsroutine gebe.

Beispiel 2c:

Das nächste Beispiel verwendet dieselben Skalenfragmente und beginnt und endet mit der höchsten Note in jeder der verwendeten Positionen.

Beispiel 2d:

```
  ⊓  V  ⊓  V  ⊓     ⊓  V  ⊓  V  ⊓      ⊓  V  ⊓  V  ⊓      ⊓  V  ⊓  V  ⊓
T--8--7--5--7--8------10--8--7--8--10----12--10--8--10--12-----13--12--10--12--13--
A----------------------------------------------------------------------------------
B----------------------------------------------------------------------------------
```

Erhöhe nun die Anzahl der 1/16-Noten und spare die 1/4-Noten für das Ende eines jeden Taktes auf. Diese Erweiterung von Beispiel 2c wird dir helfen, deine Ausdauer zu verbessern. Versuche also zahlreiche Wiederholungen und höre auf, sobald du Ermüdungserscheinungen hast oder du spürst, dass sich deine Greifhand verkrampft.

Beispiel 2e:

```
  ⊓  V  ⊓  V  ⊓  V  ⊓  V  ⊓  V  ⊓  V  ⊓       ⊓  V  ⊓  V  ⊓  V  ⊓  V  ⊓  V  ⊓  V  ⊓
T--5--7--8--7--5--7--8--7--5--7--8--7--5-------7--8--10--8--7--8--10--8--7--8--10--8--7--
A---------------------------------------------------------------------------------------
B---------------------------------------------------------------------------------------
```

```
   ⊓  V  ⊓  V  ⊓  V  ⊓  V  ⊓  V  ⊓  V  ⊓        ⊓  V  ⊓  V  ⊓  V  ⊓  V  ⊓  V  ⊓  V  ⊓
T--8--10--12--10--8--10--12--10--8--10--12--10--8----10--12--13--12--10--12--13--12--10--12--13--12--10--
A-------------------------------------------------------------------------------------------------------
B-------------------------------------------------------------------------------------------------------
```

Die nächste Übung wendet die Idee der Erweiterung auf Beispiel 2d an, was zu einem weiteren viertaktigen Lick führt.

Beispiel 2f:

Bei einer guten Wechselschlagtechnik geht es nicht nur um die Perfektionierung der Picking-Winkel, sondern auch um die Entwicklung von Kraft und Ausdauer. Konstante 1/16tel-Noten und ein Pedalpunkt-Motiv machen Beispiel 2g zu einer großartigen Ausdauerübung.

Im ersten Takt wird auf den Zählzeiten 1 und 2 eine B-Note auf dem 16. Bund der G-Saite mit dem vierten Finger der Greifhand zwischen den anderen Noten gegriffen. Auf den Zählzeiten 3 und 4 bewegt sich die Übung um eine diatonische Position nach unten.

Schau, wie lange du diese Übung durchhalten kannst, während du jeden Plektrumschlag mit der Greifhand synchronisierst. Denke daran, dass du hier Genauigkeit, Konsistenz und Ausdauer trainierst.

Beispiel 2g:

Um die Finger noch mehr zu dehnen, können wir das vorherige Motiv auf der G-Saite nach unten verschieben. Beispiel 2h transponiert die beiden Formen aus Beispiel 2g in jedem Takt um einen Ganzton tiefer.

Wie bei allen Übungen in diesem Kapitel kannst du die Schwierigkeit der Übung erhöhen, indem du sie auf die anderen Saiten überträgst.

Beispiel 2h:

Bislang lagen bei den meisten Beispiele die Abschläge auf den Taktschlägen. Beim Spielen von 1/8-Triolen beginnen die Taktschläge jedoch abwechselnd auf Ab- und Aufschlägen.

Verwende akzentuierte Anschläge auf jedem Taktschlag in Beispiel 2i. Die Zählzeiten 2 und 4 beider Takte enthalten einen Akzent auf dem Aufschlag. Jede Position beginnt mit dem Zeigefinger der Greifhand.

Beispiel 2i:

Beispiel 2j ist eine absteigende Version, bei der der vierte Finger zum Greifen der ersten Note jedes Taktes verwendet wird. Mit drei statt vier Noten pro Takt solltest du in der Lage sein, die Beispiele 2i und 2j in einem höheren Tempo zu spielen als die 1/16-Noten-Übungen.

Beispiel 2j:

Um einige Al Di Meola- und Vinnie Moore-ähnliche Einzelsaiten-Patterns zu erzeugen, verwenden wir 1/16-Notentriolen (Sextolen), um sechs Noten pro Schlag zu erhalten, auf- und absteigend, mit einem wiederholten Motiv auf der D-Saite. Um den Dynamikbereich zu erweitern, kannst du es mit und ohne Handballendämpfung ausprobieren. Höre dir das Audiobeispiel an, um zu erfahren, wie es klingen sollte.

Beispiel 2k:

Versuche nun, diese Idee auf der G-Saite abwärts zu spielen.

Beispiel 2l:

Positionsverschiebungen können unser Picking-Timing ins Wanken bringen, wenn wir nicht aufpassen, daher ist es wichtig, diese Idee zu üben. Beispiel 2m verwendet Verschiebungen mit Slides, um *aufsteigende Vierer* in der ersten Hälfte und *absteigende Vierer* in der zweiten Hälfte zu erreichen.

Achte darauf, dass du den vierten Finger in den Takten eins und zwei und den Zeigefinger in den Takten drei und vier nicht verschiebst. Führe jeden Positionswechsel entschlossen und synchron mit den angegebenen Plektrumschlägen aus. Lasse dir dabei Zeit und achte auf fließende Übergänge.

Beispiel 2m:

Beispiel 2n hat Positionsverschiebungen in jedem neuen Takt. Takt eins enthält eine so genannte 3-1-2-3-Sequenz, bei der drei verfügbare Noten in jeder Position ein vierstimmiges Motiv verwenden (wobei die dritte Note zweimal vorkommt). Takt zwei ist absteigend und verwendet eine 1-3-2-1-Sequenz.

Beispiel 2n:

Nachdem wir uns mit einer Vielzahl von Picking-Situationen auf nur einer Saite befasst haben, wollen wir nun einen groben Geschwindigkeitscheck durchführen! Komme von Zeit zu Zeit auf dieses Beispiel zurück, um deine Grundgeschwindigkeit zu messen, während du Fortschritte machst.

Bei diesem letzten Beispiel besteht die Aufgabe darin, dieses vierstimmige, sich wiederholende Muster einfach zu verinnerlichen. Spiele es in freiem Tempo und steigere dann die Geschwindigkeit bis an die Grenze deiner Möglichkeiten.

Stelle dir den Klang eines Trommelwirbels vor, der mit langsamen, definierten Bewegungen beginnt und sich zu einer feinen, gleichmäßigen Bewegung steigert. Wenn du deine Höchstgeschwindigkeit erreicht hast, halte sie einen Moment lang und stoppe dann. Nun wiederhole den Vorgang.

Nimm dein Metronom zur Hand und miss die Höchstgeschwindigkeit mit 1/4-Notenschägen gegen die 1/16-Notenunterteilungen. Mit anderen Worten: Wenn du vier Noten pro Schlag bei 180 bpm gespielt hast, ist das das Tempo, das du beim nächsten Mal spielen musst.

Beispiel 2o:

Strukturierung deiner ersten Picking-Übungsroutine

Nachdem du nun das gesamte Übungsmaterial in diesem Kapitel ausprobiert hast, ist es an der Zeit, dein eigenes Picking-Training anhand der Beispiele auszuarbeiten.

Eine Übungsroutine für grundlegendes Material wie dieses muss nicht lang oder erschöpfend sein, um deine Picking-Fähigkeiten zu verbessern.

Denke beim Aufbau einer Routine daran, dass einfaches Üben kein wirkliches Üben ist. Sobald eine Übung keine weiteren Fortschritte mehr bringt, kann sie durch eine andere ersetzt werden, die dies tut. Alternativ kannst du den Schwierigkeitsgrad durch Tempo, Saitenlage, umgekehrte Plektrumanschläge usw. erhöhen.

In diesem Kapitel gibt es fünfzehn Übungen. Wenn du jedem Beispiel zwei Minuten widmest, erhältst du eine dreißigminütige Übungsroutine für das Picking. Wenn du zehn dieser Übungen als Herausforderung betrachtest, könntest du die gleiche halbe Stunde mit drei Minuten pro Übung verbringen.

Drei Minuten für eine zwei- oder viertaktige Übung reichen aus, um die Beispiele gründlich durchzugehen, mit Wiederholungen, die eine Mischung aus Präzisions- und Geschwindigkeitstraining ermöglichen.

Das Wichtigste beim Üben ist, einen Plan zu haben! Beginne mit einem klaren Ziel, so dass du am Ende deiner Sitzung das Gefühl hast, etwas erreicht zu haben, weil du deinen Plan einfach durchgezogen hast.

Deine erste Sitzung mit diesem Material könnte eine Mischung aus dem Erforschen von Griffweisen des Plektrums, dem Auswendiglernen von Beispielen und einigem Üben in freiem Tempo beinhalten.

Am nächsten Tag übst du vielleicht lieber mit dem Metronom und misst dein Tempo.

Bei Wiederholungsübungen solltest du Pausen einplanen und jedes Mal aufhören, wenn du ein Unbehagen verspürst.

Ein guter Tipp für das Üben mit dem Metronom ist es, den Takt mit dem Fuß zu klopfen - wenn möglich mit dem Fuß, der der zupfenden Hand gegenüberliegt. Genau wie beim Gehen funktionieren unsere Gliedmaßen gut in entgegengesetzter Richtung. Das Klopfen des linken Fußes kann also effektiv dazu beitragen, die Picking-Bewegung der rechten Hand zu unterstützen.

Wähle für jede Übung nur drei Tempi: eines, um alles in Gang zu bringen, ein anderes, um in Schwung zu kommen, und ein weiteres, um deine Grenzen zu erforschen. Verschwende keine Zeit damit, langsamer zu spielen, als du musst. Erhöhe das Tempo jedes Mal um einen angemessenen Betrag - zum Beispiel um 20 Schläge pro Minute (bpm). Es bringt nicht viel, sich schleichend in Tempi zu steigern, die du bereits beherrschst.

Bevor du dich den Etüden zuwendest, die dieses Kapitel abschließen, solltest du einen Blick auf die Tipps zur Fehlerbehebung werfen, die du im Folgenden finden wirst. Im nächsten Kapitel werfen wir einen ersten Blick auf die Verwendung mehrerer Saiten und wie wir Saitenwechsel angehen können.

Fehlerbehebung für dieses Kapitel

Problem 1: Ich komme nicht auf Geschwindigkeit, auch nicht mit nur einer Note.

Lösung: Achte darauf, dass die Picking-Bewegungen in *einer Linie* auf- und abwärts verlaufen und nicht in einer schöpfenden, U-förmigen Bewegung. Versuche, die in den Abbildungen 1d und 1e dargestellten Bewegungsabläufe zu imitieren.

Problem 2: Ich kann nicht über zwei Ganztöne auf dem Griffbrett greifen

Lösung: Positioniere deine Hand so, dass der Zeigefinger nicht von den Noten abgewinkelt ist, die den anderen Fingern zugewiesen sind. Benutze dein Handgelenk und deinen Ellbogen, um die Greifhand so zu positionieren, dass du vier oder fünf Bünde leicht überbrücken kannst. Schau dir folgendes Diagramm an.

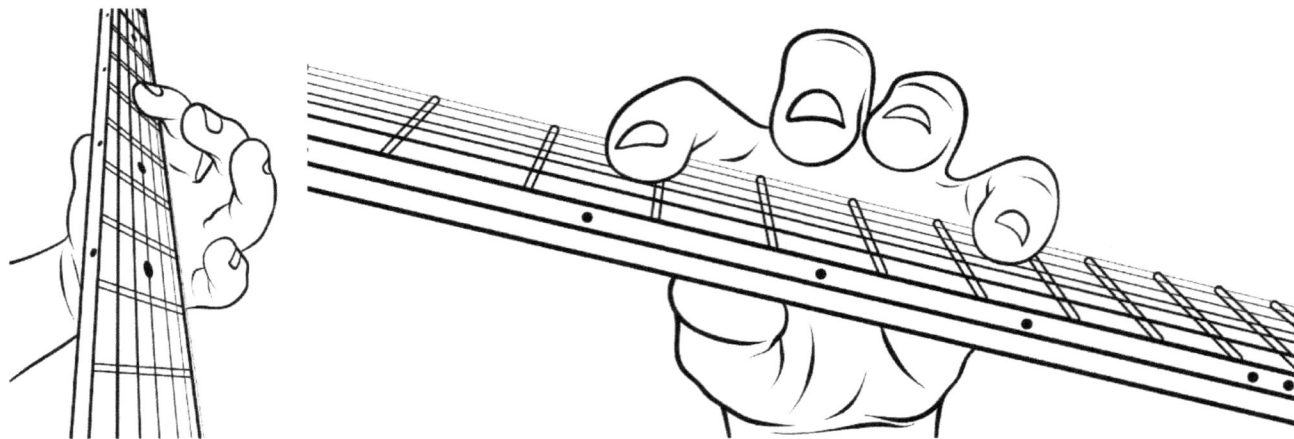

Problem 3: Ich kann meine Finger und Plektrumanschläge nicht synchronisieren.

Lösung: Verbringe etwas mehr Zeit mit Beispiel 2b, indem du zuerst mit Abschlägen und dann mit Aufschlägen beginnst. Die Option, die du als schwieriger empfindest, ist diejenige, auf die du am meisten Zeit verwenden musst.

Problem 4: Wenn ich schneller werde, spüre ich zu viel Reibung am Plektrum.

Lösung: Erhöhe den in Kapitel Eins beschriebenen Winkel für die Plektrumkante, um eine sanftere Bewegung zu erzeugen.

Etüden auf einer Saite

Hier sind einige musikalische Anwendungen für deine Einzelsaiten-Picking-Technik.

Jede der Etüden kann auf jede beliebige Saite gelegt werden, aber die Audio- und Backingtracks für diese Beispiele sind in den hier notierten Tonarten. Die Backing Tracks liegen in den Geschwindigkeiten 100% und 70% bei.

Beispiel 2p wird vollständig auf der B-Saite in der Tonart A-Moll gespielt. Das Audiobeispiel wurde mit 160 bpm gespielt.

Beispiel 2p:

Beispiel 2q ist eine vom Barockcembalo inspirierte Etüde in der Tonart E-Moll. Sie verwendet eine vierstimmige Figur, die sich über die G-Saite bewegt.

Für ein gutes Timing solltest du deinen Zeigefinger exakt auf den Beat legen, wenn er sich zu jeder Position bewegt. Ich habe es mit 154 bpm gespielt.

Beispiel 2q:

Die letzte Etüde dieses Abschnitts enthält eine Mischung aus gebundenen und offenen Noten, 1/16tel-Noten und Sextolen-Unterteilungen, Positionsverschiebungen und Sequenzierung.

Nimm dir Zeit, um die einzelnen Aspekte dieser Etüde zu verinnerlichen, indem du schwierige Phrasen isolierst und sie separat übst. Setze die Teile für eine langsamere Performance wieder zusammen und versuche dann, die Etüde zu dem langsameren Backing-Track zu spielen.

Wenn du die Backing-Tracks noch weiter verlangsamen möchtest, kannst du dies mit einer Software wie *Transcribe* oder einer Freeware wie *Audacity* tun.

Beispiel 2r:

Kapitel Drei: Saitenwechsel nach Aufschlägen

Ein großer Teil des Alternate Picking-Konzepts ist die Bewegung beim Saitenwechsel. Das Bewegen des Plektrums von einer Saite zur nächsten ist der Punkt, an dem viele Spieler erstmal nicht weiterkommen. Daher werde ich mich diesem großen Konzept in drei Kapiteln nähern, mit vielen Übungen und nützlichem Vokabular für die Weiterentwicklung.

In diesem Kapitel geht es um Phrasen und Übungen, bei denen die Saiten *nach dem Aufschlag* gewechselt werden und die neuen Saiten mit dem Abschlag angespielt werden. Wir können unsere Phrasen entsprechend organisieren, indem wir eine gerade Anzahl von Noten pro Saite verwenden.

Richte dein Plektrum bei allen Beispielen in diesem Abschnitt so aus, dass es dem in Abbildung 1d aus Kapitel 1 dargestellten Weg des Anschlags entspricht. Deine Anschläge nach oben enden über den Saiten und die Anschläge nach unten drücken in die Saiten in Richtung der Gitarre.

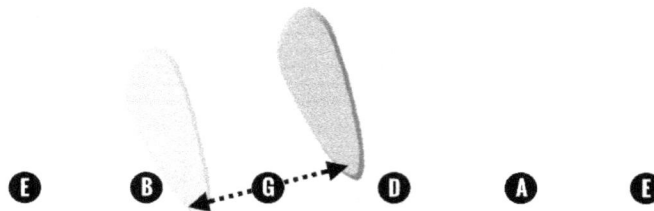

Das Ziel, das du mit diesen Übungen anstrebst, ist das Gefühl, dass der Wechsel der Saiten nicht schwieriger ist als das Spielen auf einzelnen Saiten. Aufsteigende gerade Zahlen und absteigende gerade Zahlen sollten sich gleichermaßen machbar anfühlen.

Die diatonischen Beispiele in den nächsten drei Kapiteln sind, wenn nicht anders angegeben, in der Tonart C-Dur geschrieben. Beispiel 3a verwendet aufsteigende und absteigende chromatische Skalenabschnitte mit Pausen dazwischen. Achte darauf, dass du das Timing zwischen den Saiten genauso kontrolliert hältst wie das auf jeder einzelnen Saite.

Beispiel 3a:

Jetzt entfernen wir die Zwischenräume und fügen Positionsslides für ein sich wiederholendes Lick ein. Erhöhe nach einigen Wiederholungen das Tempo und stelle sicher, dass du das Wechseln der Saiten immer noch so einfach hinbekommst wie das Anschlagen einer einzelnen Saite.

Beispiel 3b:

Beispiel 3c mischt kaskadenartig auf- und absteigende Saitenwechsel und bewegt sich über vier Saiten, während die Beispiele 3d und 3e eine sechssaitige Version bieten, in die man hineinwachsen kann.

Für eine extralange Übung kombiniere die Beispiele 3d und 3e zu einer langen Saitenwechsel-Übung.

Beispiel 3c:

Beispiel 3d:

Beispiel 3e:

Bei einigen diatonischen Sequenzen können Skalen mit drei Noten pro Saite (3nps) den Ansatz des Pickings mit geraden Zahlen verwenden, indem eine Note wiederholt wird.

Beispiel 3f ist eine aufsteigende C-Dur-Tonleiter, die die zweite Note jeder Saite zweimal verwendet. Beispiel 3g ist das absteigende Gegenstück, bei dem das nächsthöhere 3nps-Muster verwendet wird.

Beispiel 3f:

Beispiel 3g:

Erhöhen wir die Temperatur mit Sextolen, die die kombinierten 3nps-Muster aus den beiden vorherigen Beispielen auf- und abwärts spielen. Jeder Satz von drei Noten wird zweimal gespielt, wobei das geradzahlige System beibehalten wird und die Anschlagsarten von Saite zu Saite einheitlich gewählt werden.

Beispiel 3h:

Bislang haben wir bei jeder Übung auf fast jeder Saite die gleiche Anzahl von Noten verwendet. Solange die Anzahl der Saiten gerade ist, funktionieren die Saitenwechsel genauso, egal ob du zwei, vier, sechs oder mehr Noten auf jeder Saite hast.

Die nächsten drei Beispiele verwenden diatonische C-Dur-Tonleitermuster, wobei die Anzahl der geraden Zahlen von Saite zu Saite variiert.

Beispiel 3i leiht sich vier- und sechstönige Ideen aus den vorherigen Sequenzen. Es klingt großartig über einem A-Moll-Akkord oder einer Progression.

Beispiel 3i:

Beispiel 3j klingt weniger *nach einem Pattern* als vielmehr nach einer coolen Phrase für ein Solo und mischt zwei-, vier- und sechstönige Patterns. Es klingt großartig über einem Akkord wie F-Dur und verleiht ihm einen lydischen Klang der Tonart C-Dur.

Beispiel 3j:

Nimm dir Zeit für Beispiel 3k, da du die Patterns, die Anzahl der Noten pro Saite und die Melodiefragmente wechseln musst, um dieses nach D-Dorisch klingende Lick zu spielen. Es klingt auch über einem A-Moll-Akkord großartig, solange du die letzte Note in einen Akkordton wie A änderst.

Beispiel 3k:

```
Dm7
12-10
   13-12-10-13-12-10-
            12-10-9~7-9-7-
                     10-9-7-10-9-7-
                              10-8-7~5-      7-8-7-5------5-
                                                       8-7-
```

Eine Tonleiter, mit der wahrscheinlich jeder von uns sein Leadspiel begonnen hat, ist die pentatonische Tonleiter, die in 2nps-Feldern angeordnet ist.

Als Saitenwechsel-Übung kann die Anwendung eines Saitensprungmusters auf die erste moll-pentatonische Box deine Fähigkeit testen, mit Genauigkeit und gutem Timing auf neuen Saiten zu landen.

Wenn du mit großen Lücken zwischen den Saiten konfrontiert bist, achte darauf, dass du nicht großräumig mit der Spielhand herumschlägst, um zu jeder neuen Saite zu gelangen. Lass es langsam angehen und schlage jede Saite beim Saitenwechsel präzise an.

Wenn du deine Augen von der Greifhand abwenden kannst, beobachte die Spielhand in Beispiel 3l und nutze deine Hand-Augen-Koordination, um jedes Mal den perfekten Anschlag zu erhalten.

Beispiel 3l:

```
Am
                              5-7      7-5-      7-5-      7-5-
                    5-7              7-5-
            5-7           5-8   5-8   5-8              7-5-
5-8   5-8                                                 8-5-
```

Beispiel 3m bleibt bei der pentatonischen Box als Gerüst und verwendet Durchgangstöne (verminderte Quint- und große Sext-Intervalle), um eine gerade Anzahl von Noten beizubehalten, sobald die Licks umgedreht werden.

Beispiel 3m:

Etüde: Summer Winds

Zum Abschluss dieses Abschnitts folgt eine Etüde, die ich geschrieben habe, um den Wechsel von Saiten nach Aufschlägen in Musik umzusetzen. *Summer Winds* (Beispiel 3n) steht in der Tonart A-Moll und wird mit 145 bpm gespielt.

Ausgehend von der natürlichen Molltonleiter und der harmonischen Molltonleiter verwendet dieses Stück eine gerade Anzahl von Noten pro Saite, die auf Abschlägen beginnen.

Ich schlage vor, die Etüde für das Studium in folgende Abschnitte zu unterteilen:

- Abschnitt 1: Takte eins bis drei

- Abschnitt 2: Takt vier und Schlag 1 von Takt fünf

- Abschnitt 3: Takt fünf, Schlag 3, plus Takt sechs

- Abschnitt 4: Takte sieben und acht

- Abschnitt 5: Takte neun bis zwölf

- Abschnitt 6: Takte dreizehn bis sechzehn

Beispiel 3n:

F   **Dm**

```
11
⊓ V ⊓ V ⊓ V ⊓ V ⊓ V ⊓ V ⊓ V ⊓ V ⊓ V    ⊓ V ⊓ V ⊓ V ⊓ V ⊓
                                            12-15-13-12-13-15-17
                              10-13-12-10-12-13-13-17-15-13   15-17
  9-12-10-9-10-12
```

Am   **G**

```
13                                          14
⊓ V ⊓ V ⊓ V ⊓ V ⊓ V ⊓ V ⊓ V ⊓ V ⊓ V    ⊓ V ⊓ V ⊓ V ⊓ V ⊓ V ⊓ V ⊓ V
15-12
    13-12         13-12                                             12-13
        14-12         14-12   14-12                             12-14
                          14-12       14-12   14-12         12-14
                                          14-12   15-14-12-15-14-12-14-15
```

Fmaj7

```
15
⊓       ⊓   V   ⊓       ⊓   V   ⊓        16
15     13   12                          O
             14          12   14
                              14    (14)
```

Nachdem du jede der Übungen in diesem Kapitel absolviert hast, füge einige davon pro Woche zu deiner Übungsroutine hinzu. Wenn du das am Ende des zweiten Kapitels besprochene Dreißig-Minuten-Format beibehalten möchtest, ersetze die einfachen Einzelsaiten-Übungen aus jenem Kapitel durch Beispiele aus diesem Kapitel sowie die Etüde (Beispiel 3n).

Als Referenz findest du auf der folgenden Seite Skalendiagramme für die in diesem Kapitel (und den folgenden Kapiteln) verwendeten 3nps-Tonleitermuster sowie für die fünf pentatonischen Box-Patterns.

Verwende sie, um deine eigenen Picking-Patterns und Fingersatzformen zu kreieren, nachdem du die hier vorgestellten ausprobiert hast. Probiere die hier vorgestellten Sequenzen unbedingt auch mit anderen Formen in der Tonart aus.

Im vierten Kapitel werden wir uns mit dem Saitenwechsel nach Abschlägen statt nach Aufschlägen beschäftigen.

Skalen-Diagramme

Hier sind die sieben Muster der C-Dur-Tonleiter mit drei Noten pro Saite.

Pattern 1

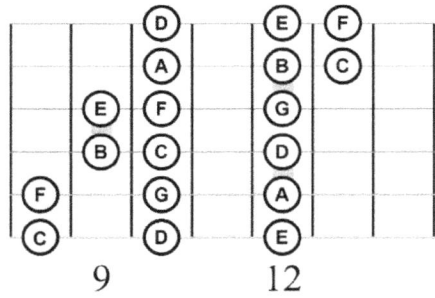

Pattern 2

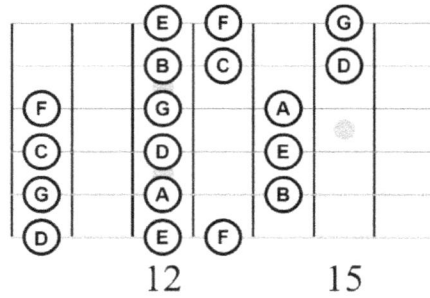

Pattern 3

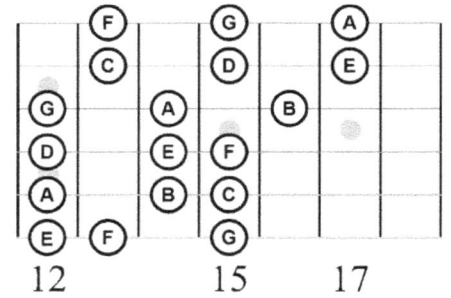

Pattern 4

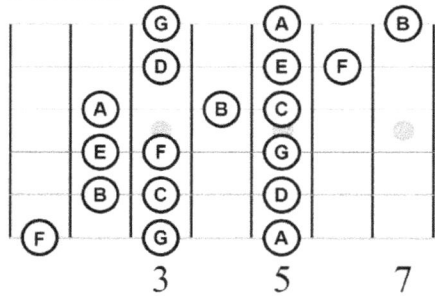

Pattern 5

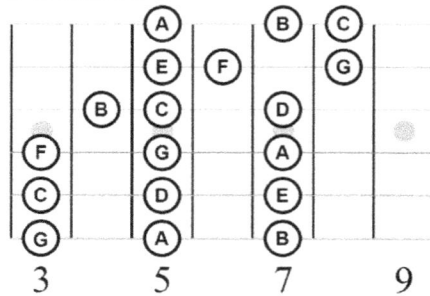

Pattern 6

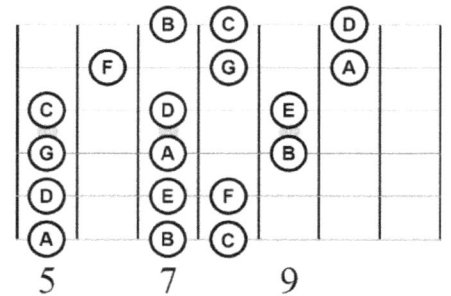

Pattern 7

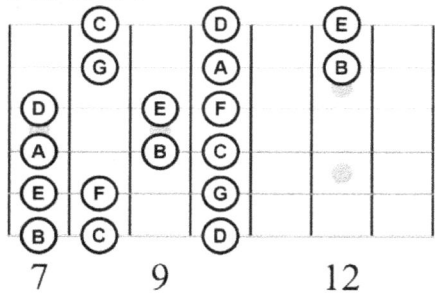

Und hier sind die fünf A-Moll-Pentatonik-Boxen mit zwei Noten pro Saite.

Pattern 1

Pattern 2

Pattern 3

Pattern 4

Pattern 5

Kapitel Vier: Saitenwechsel nach Abschlägen

Der Saitenwechsel nach Abschlägen erfordert eine Ausrichtung des Plektrums wie in Abbildung 1e aus Kapitel 1 dargestellt.

Aufschläge drücken das Plektrum unter die Saiten und Abschläge kommen aus ihnen heraus – umgekehrt als in Kapitel drei.

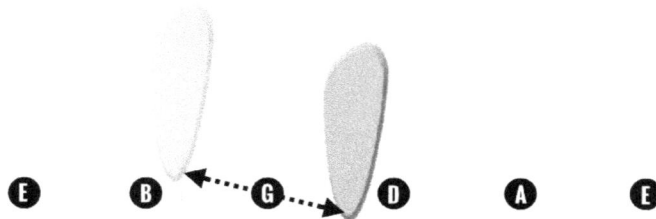

Genau wie im vorigen Kapitel können gerade Zahlen uns helfen, einen konsistenten Ansatz für den Saitenwechsel über mehrere Saiten hinweg zu entwickeln, aber um die Sache mit den richtigen Winkeln ins Rollen zu bringen, beginnt jedes dieser Abschlag-Licks und jede Übung mit einer ungeraden Zahl.

Beispiel 4a ist eine chromatische Übung für zwei Saiten, die mit drei Noten auf der D-Saite beginnt. Bei den folgenden geraden Zahlen bleibt die Ausrichtung des Plektrums gleich, wobei die Saiten nach dem Abschlag sowohl für höhere als auch für tiefere Saiten gewechselt werden.

Beispiel 4a:

Beispiel 4b verwendet mehr Saiten und ist wie ein umgestaltetes Beispiel 3c. Es ist nur um eine Note verschoben und beginnt nach dem ersten Teil auf der D-Saite mit Aufschlägen. Nimm dir Zeit, dich daran zu gewöhnen, da die Saitenwechsel nun auf der letzten 1/16-Note jedes Schlags erfolgen.

Beispiel 4b:

Beispiel 4c besteht größtenteils aus vier Noten pro Saite, aber die einzelne Note auf der tiefen E-Saite in Takt eins und auf der hohen E-Saite in Takt drei halten die gesamte Übung in der Abschlag-Form.

Beispiel 4c:

Pentatonische Licks mit einer einzelnen Note auf einer Saite zu beginnen, ist ebenfalls eine gute Möglichkeit, an dieser Form des Saitenwechsels zu arbeiten. In den Beispielen 4d und 4e wird die pentatonische Skala in A-Moll in abwärts und aufwärts kaskadierenden Licks verwendet.

Beispiel 4d:

Beispiel 4e:

In Beispiel 4f wird die pentatonische Skala in D-Moll verwendet, die in andere pentatonische Felder übergeht. Um einen einheitlichen Fingersatz zu gewährleisten, verwende ich durchgehend den dritten und ersten Finger.

Beispiel 4f:

In Beispiel 4g bewegt sich ein sechstöniges Motiv von der A-Saite zur hohen E-Saite, wird aber am Anfang durch drei Noten auf der hohen E-Saite verschoben. Beim Spielen von Picking-Linien wie dieser hilft die Suche nach Ähnlichkeiten zwischen den Saiten beim Denken und dem mechanischen Prozess, um dir die Phrase einzuprägen.

Beispiel 4g:

In ähnlicher Weise hat Beispiel 4h eine achtstimmige Sequenz, die sich von der B-Saite zur A-Saite hinunterbewegt, aber am Anfang um drei Noten auf der hohen E-Saite versetzt ist.

Dieses Lick hat eine Menge Potenzial für Schnelligkeit, wenn du bereit dafür bist, drücke also weiter auf das Tempo bei den Saitenwechseln, bis es richtig abgeht.

Beispiel 4h:

Speed-Runs wie Paul Gilberts aufsteigende Sextolen können durch das Entfernen der ersten drei Noten aus Läufen wie dem Beispiel 3h erzeugt werden. Eine ungerade Zahl, gefolgt von Gruppen gerader Zahlen, ist in der Welt der Shred-Gitarre ein häufiges Phänomen.

Beispiel 4i:

Beispiel 3k kann ebenfalls so angepasst werden, dass die Saiten nach Abschlägen gewechselt werden, indem mit einer Note auf der hohen E-Saite begonnen wird, anstatt mit zwei.

Beispiel 4j:

Um einige gemischte Zahlen zu üben, beginnt dieser unorthodoxe G-Mixolydisch-Lauf mit fünf Noten, bevor er zwei, sechs und zehn Noten pro Saite mischt.

Beispiel 4k:

Wenn du immer noch das Gefühl hast, dass der Saitenwechsel von einem Abschlag zu einem Aufschlag trainiert werden muss, enthält diese kleine Fokusübung einige Saitensprünge, um die Schwierigkeit zu erhöhen und die angrenzenden Saitenwechsel ein wenig einfacher zu machen.

Beispiel 4l:

Achte bei allen Läufen in diesem Kapitel darauf, dass du bei den Abschlägen genügend Freiraum über den Saiten hast, dass du nicht mit dem Plektrum gegen jede neue Saite stößt.

Etüde: Pinball Machine

Jetzt können wir diese Technik in einem musikalischen Kontext anwenden. Ich nenne dieses Stück „*Pinball Machine*", weil es mich daran erinnert, wie ich als Kind in den 80er Jahren Flipperautomaten und Arcade-Spiele gespielt habe.

Diese in der Tonart E-Moll geschriebene Etüde enthält eine Fülle von Ideen, bei denen die Saiten auf Abschlägen enden und neue auf Aufschlägen beginnen. Du wirst also viele Ideen sehen, die mit einer ungeraden Anzahl von Noten beginnen und zu einer geraden Anzahl von Noten übergehen.

Lerne dieses Stück zwei Takte auf einmal, bevor du es zusammensetzt. Bei 130 bpm könnten einige Spieler die Sextolenläufe in den Takten drei, vier und sechzehn als Herausforderung empfinden. Wenn dies der Fall ist, isoliere diese Läufe für zusätzliches Üben und denke daran, dass sie mehr oder weniger wie Einzelsaitenläufe mit einem Sprung dazwischen sind. Beispiel 4g eignet sich auch als Grundlagenübung für diese Art von Läufen.

Beispiel 4m:

Das nächste Kapitel enthält Übungen zum Saitenwechsel bei einer Mischung aus Ab- und Aufschlägen.

Kapitel Fünf: Saitenwechsel nach wechselnden Anschlägen

Bislang haben wir auf unserem Weg bei der Einzelsaitentechnik, dem Saitenwechsel nach dem Aufschlag und dem Saitenwechsel nach dem Abschlag Halt gemacht. Diese drei entscheidenden Elemente spielen alle eine Rolle bei der nächsten Station: dem Saitenwechsel *zu jeder Zeit* nach *jedem Plektrumschlag*.

In diesem Kapitel stelle ich dir eine Reihe von kleinen *Drills* vor, mit denen du deine Saitenwechsel mit abwechselndem Plektrumschlag verfeinern kannst. Dann helfe ich dir, dich an längere Licks und Sequenzen heranzuwagen. Alle Beispiele stehen in der Tonart C-Dur.

Es ist zwar möglich, mit dem Plektrumschlag, den du für den Saitenwechsel bevorzugst eine Menge an Vokabular zu erzeugen, aber beim Üben von Tonleitern und beim Improvisieren bist du zwangsläufig angewiesen, häufig den entgegengesetzten Plektrumschlag für den Saitenwechsel zu verwenden.

Selbst die einfache pentatonische Tonleiter erzwingt eine Veränderung des Plektrumschlags, sobald zwei Noten pro Saite durch drei Noten unterbrochen werden, wie die Beispiele 5a und 5b zeigen.

Beispiel 5a:

Beispiel 5b:

Tonleitern mit einer ungeraden Anzahl von Noten auf jeder Saite (wie die A-Moll-Tonleiter unten) enden abwechselnd auf Ab- und Aufschlägen.

Beispiel 5c:

Bevor du deine Tonleitern übst, kann es sehr hilfreich sein, kurze, sich wiederholende Übungen zu erstellen, die sich auf Saitenwechsel konzentrieren.

Beispiel 5d nimmt drei Noten von der D-Saite und zwei von der G-Saite für eine kleine aufsteigende und absteigende Übung. Aufsteigende Saitenwechsel erfolgen nach einem Abschlag und absteigende Saitenwechsel nach Aufschlägen.

Beispiel 5d:

Beispiel 5e findet auf demselben Gebiet wie die vorherige Übung statt, verwendet aber zwei Tonleiternoten der D-Saite und drei der G-Saite. Aufsteigende Saitenwechsel erfolgen nun nach Aufschlägen und absteigende Saitenwechsel nach Abschlägen.

Beispiel 5e:

Für eine gleichmäßige Übung ohne Pausen kombiniert Beispiel 5f Elemente aus den beiden vorherigen Beispielen. Wenn dir ein Teil dieser Übung schwieriger vorkommt als der Rest, kehre zu den Beispielen 5d und 5e zurück und investiere etwas mehr Zeit in den Teil, den du für schwieriger hältst.

Beispiel 5f:

Beispiel 5g verwendet eine pentatonische Box in A-Moll und legt den Schwerpunkt auf Saitenwechsel *beim Inside Picking*. Auf Anschläge auf der G-Saite folgen Abschläge auf der B-Saite. Durch die Wiederholung dieser Saitenwechsel wird der schwierigste Teil des Licks hervorgehoben, da du nach jedem Plektrumschlag die Saite wechselst, anstatt wenigstens ein paar Noten pro Saite zu haben. Wenn dich das wirklich ausbremst, kannst du zum isolierten Üben das Lick in Beat 2 als Schleife spielen.

Beispiel 5g:

Als Ergänzung zur vorherigen Übung wiederholt Beispiel 5h den Saitenwechsel zwischen G- und B-Saite als *Outside Picking*.

Diesmal bewegst du das Plektrum an der *Außenseite* der Saiten, wenn der Abschlag von der G-Saite an der B-Saite vorbeigeht, um sie dann beim Aufschlag zu treffen. Vergleiche die Schläge 1 und 2 dieses Beispiels mit den Schlägen 1 und 2 des vorherigen Beispiels, um eine Momentaufnahme des Inside- und Outside-Pickings zu erhalten.

Wenn du ein Gefühl dafür bekommen hast, ob dir das Inside- oder Outside-Picking schwerer fällt, investiere mehr Zeit in die schwächere der beiden Varianten.

Beispiel 5h:

In Beispiel 5i werden auf allen sechs Saiten innere Saitenwechsel verwendet, während in Beispiel 5j äußere Saitenwechsel zum Einsatz kommen.

Beispiel 5i:

Beispiel 5j:

Wir könnten natürlich weiterhin separate Übungen erstellen, um den Saitenwechsel nach Auf- oder Abschlägen, zwischen den Saiten oder außerhalb der Saiten zu üben, aber ein anderes großartiges Übungskonzept ist die Verwendung von Übungen mit einer ungeraden Anzahl von Noten, die sich ständig wiederholen.

In dieser nächsten Serie von Übungen werden ungerade Noteneinheiten die erforderlichen Plektrumanschläge bei jeder Wiederholung umkehren. Schaue dir Beispiel 5k an, um zu sehen, was ich meine.

Bei dieser Übung beginnt die Fünf-Ton-Einheit auf einem Abschlag, wird auf einem Aufschlag wiederholt und kehrt bei der nächsten Wiederholung zu einem Abschlag zurück.

Beispiel 5k:

Um die Herausforderung zu erhöhen und die Dinge kreativer zu gestalten, verschiebt Beispiel 5l die Fünf-Ton-Idee auf die hohe E- und B-Saite. Probiere jede Einheit separat aus, um den Fingersatz zu üben, bevor du sie kombinierst.

Beispiel 5l:

49

Aufsteigende Fünfer funktionieren auch gut, steigen wir also die A- und D-Saiten in Beispiel 5m auf. Dein Zeigefinger greift die erste Note jeder Fünfergruppe.

Beispiel 5m:

In Beispiel 5n wird eine Einheit von sieben Noten auf den Saiten B, G und D verwendet. Beim ersten Durchlauf beginnt jede Saite mit einem Abschlag und wechselt dann zu Aufschlägen.

Beispiel 5o bietet ein aufsteigendes Gegenstück über die gleichen Saiten in einer anderen Position.

Beispiel 5n:

Beispiel 5o:

Mit neun wiederholten Noten, die als 1/16-Noten-Sextolen gespielt werden, stellt Beispiel 5p vielleicht die bisher größte Herausforderung dar. Nimm dir Zeit dafür!

Wenn du die Notenfolge auswendig gelernt hast, probiere dieses Motiv in verschiedenen Lagen und Saitengruppen aus, wobei du dich an diatonische Muster halten solltest.

Beispiel 5p:

Wenn du dein Gehirn und deine Finger trainieren willst, versuche es mit dieser Elf-Noten-Sequenz. Sie ist im 11/16-Takt geschrieben, um dich daran zu erinnern, einen Akzent am Anfang jeder Wiederholung zu setzen. (Im sechsten Kapitel werden wir uns mit einer Reihe von Alternate-Picking-Tonleitersequenzen über alle Saiten beschäftigen).

Beispiel 5q:

Aktualisierung deiner Übungsroutine

Da das Material in diesem Kapitel in den Bereich des Fortgeschrittenen vordringt, lohnt es sich, deine Übungsroutine an dieser Stelle ein wenig durchzurütteln.

Da jedes Kapitel einen anderen Aspekt des Alternate Picking abdeckt, können die Übungsroutinen nach Themen gegliedert in einer einzigen Übungseinheit oder über mehrere Tage verteilt werden.

Allgemeine Einheiten vs. Schwerpunkteinheiten

Ein Mix aus verschiedenen Trainingsansätzen kann deiner Entwicklung wirklich helfen.

Allgemeine Einheiten sind Übungseinheiten, die darauf abzielen, verschiedene Bereiche des Spiels in einer Sitzung zu erhalten oder zu verbessern. Vielleicht möchtest du altes Material überarbeiten, etwas Neues hinzufügen und am Ende ein wenig Zeit zum Experimentieren einplanen.

Am besten planst du eine allgemeine Übungsstunde, indem du die Zeit, die du dafür benötigst, durch die Anzahl der Themen teilst, die du behandeln möchtest. Wenn du vier Bereiche des Spiels bearbeiten willst, hast du in einer Stunde fünfzehn Minuten pro Thema. Wenn die Uhr anzeigt, dass es Zeit ist, das Thema zu wechseln, dann wechsle.

Bei einer allgemeinen Einheit hast du das Gefühl, mehrere Aspekte des Spiels in den Griff zu bekommen, so dass nichts vernachlässigt wird.

In den *Schwerpunkteinheit* werden jedoch die meisten Fortschritte erzielt. Das ist wie das Arm- oder Beintrainingstag im Fitnessstudio und nicht wie das Zirkeltraining.

In einer Schwerpunkteinheit vertiefst du ein Thema und nimmst dir vielleicht eine ganze Stunde Zeit, um neues Material zu erarbeiten oder bereits vorhandenes Material zu vertiefen. Anstatt Licks zu überfliegen oder Übungen zur Aufrechterhaltung durchzugehen, wirst du Fortschritte machen.

Im Laufe einer Woche kannst du allgemeine Einheiten und Schwerpunkteinheiten mischen oder mehrere Schwerpunktsitzungen über die Woche verteilt durchführen. Die Entscheidung liegt bei dir.

Wie auch immer du die Übungsformate kombinierst, halte dich an die Vorschläge am Ende des zweiten Kapitels bezüglich der effektiven Nutzung der Zeit und der Vermeidung von Übertreibungen bei einzelnen Übungen.

Im nächsten Kapitel werden wir die gewöhnlichen und vielleicht auch einige ungewöhnlichen Picking-Sequenzen durchgehen!

Kapitel Sechs: Picking-Sequenzen

In diesem Kapitel findest du eine Reihe von diatonischen und pentatonischen Picking-Sequenzen, die du über mehrere Saiten und Lagen hinweg spielen kannst, jeweils in der Tonart C-Dur.

Eine Sequenz ist ein melodisches Motiv, das sich aufwärts oder abwärts durch die Stufen einer Tonleiter bewegt. In jedem Beispiel erkläre ich, woraus die musikalische Einheit besteht, und wende sie dann auf eine ganze Tonleiter an.

Beispiel 6a ist eine so genannte *aufsteigende* Vierer-Sequenz, die von einer C-Note auf der tiefen E-Saite bis zu einer C-Note zwei Oktaven höher gespielt wird.

Von jeder Note der Tonleiter werden vier Noten in aufsteigender Reihenfolge gespielt, in diesem Fall also C, D, E, F, dann D, E, F, G, gefolgt von E, F, G, A und so weiter.

Die Anordnung der Noten auf den Saiten besteht aus drei Schritten, die sich in Zyklen wiederholen. In diesem Fall hat der erste Schritt eine Note auf der tiefen E-Saite und drei Noten auf der A-Saite. Schritt zwei hat drei Noten auf der A-Saite und eine Note auf der D-Saite, gefolgt von zwei Noten auf der A-Saite und zwei auf der D-Saite.

Ab dem 4. Schlag des ersten Taktes wiederholen sich die Schritte auf der A-Saite. Wo auch immer du die Sequenz beginnst, das Muster wiederholt sich Schritt für Schritt.

Beispiel 6a:

Beispiel 6b verwendet *absteigende* Vierer mit demselben C-Dur-Tonleitermuster wie in Beispiel 6a. Die Anordnung der Noten auf den Saiten wiederholt sich in drei Schritten wie im vorherigen Beispiel. Diesmal sind es zwei Noten und zwei Noten, eine Note und drei Noten, drei Noten und eine Note pro Saite.

Beispiel 6b:

Wir können mit Sequenzen kreativer werden, indem wir sie ein wenig aufbrechen. Beispiel 6c verwendet eine A-Moll-Tonleiter von der A-Saite im 12. Bund.

Zwei Schritte aufsteigender Vierer werden durch vier absteigende Noten auf dem 3. Schlag eines jeden Taktes unterbrochen, bevor die Sequenz zu einem neuen Saitenpaar übergeht.

Um die Schritte dieser gemischten Sequenz deutlicher zu machen, habe ich dieses Beispiel im 3/4-Takt notiert. Es kann in jeder anderen Taktart gespielt werden, sobald man es auswendig gelernt hat.

Beispiel 6c:

Beispiel 6d verwendet einen gemischten Ansatz mit zwei Schritten von absteigenden Vierern, gefolgt von vier aufsteigenden Noten, bevor es jedes Mal zu einem neuen Saitenpaar übergeht.

Beispiel 6d:

Diatonische Sekundintervalle eignen sich auch gut für die Sequenzierung. In Beispiel 6e werden aufsteigende Sekundintervalle in absteigender Reihenfolge gespielt, d.h. F zu G, E zu F, D zu E, und so weiter.

Dieser besondere Teil klingt großartig über einem G-Akkord für eine G-Mixolydische Tonalität. Wenn du dein Verständnis der Modi verbessern möchtest, lies das Buch *Gitarrenskalen im Kontext* von Joseph Alexander, das ebenfalls bei Fundamental Changes erschienen ist.

Beispiel 6e:

Dieses Lick verwendet dasselbe Griffbrettgebiet wie das vorherige Beispiel und enthält absteigende Sekunden, d.h. C zu B, D zu C, E zu D, usw.

Beispiel 6f:

Die Sequenzierung ist nicht darauf beschränkt, feste Intervalle in der Tonleiter zu verschieben. Wir können jede coole melodische Phrase auf und ab oder über die Saiten bewegen.

Unter Verwendung der harmonischen Moll-Skala (A, B, C, D, E, F, G#) über einem E-Dominant-Akkord enthält Beispiel 6g eine vierstimmige Phrase diagonal aufwärts von der tiefen E-Saite zur hohen E-Saite und wieder abwärts. Bei dieser Sequenzeinheit wird die höchste Note in jedem Abschnitt zwischen den beiden anderen Noten auf jeder Saite gegriffen.

In Beispiel 2q haben wir eine ähnliche melodische Figur auf der G-Saite verwendet.

Beispiel 6g:

Als Beispiel für eine Sequenz, die sich sowohl horizontal als auch von Saite zu Saite verschiebt, verwendet das nächste Lick eine Einheit von sechs Noten, die sich von der hohen E-Saite hinunter zur G-Saite bewegt, bevor sie zur hohen E-Saite zurückkehrt, eine diatonische Position darunter.

Isoliere die ersten sechs Noten dieses Beispiels, wenn du diese Phrase zum ersten Mal hörst. Sie kommt häufig im neoklassichen Rock mit Spielern wie Yngwie Malmsteen vor.

Achte auf den Saitenwechsel von der G-Saite zur hohen E-Saite, wenn die Sequenz fortschreitet. Ziehe den letzten Aufschlag auf der G-Saite so weit weg, dass du beim Überspringen der B-Saite freie Bahn zur hohen E-Saite hast.

Beispiel 6h:

Beispiel 6i beginnt mit einsaitigen absteigenden Vierern im ersten Takt auf den Schlägen 1, 2 und 3, und geht bis zum zweiten Takt, auf den Zählzeiten 1 und 2 in positionelle absteigende Vierer über, wobei Positionen und Sequenzideen gemischt werden.

Ab dem dritten Schlag von Takt zwei wechselt das Lick zu einer aufsteigenden 3-1-2-3-Sequenz, die zuletzt in Beispiel 2n zu sehen war. Diesmal führt die 3-1-2-3-Sequenz über die D- und die G-Saite, bevor sie ihre Position mit Slides entlang der G-Saite wechselt.

Beispiel 6i:

Beispiel 6j, in dem nicht nur Sequenzen, sondern auch Unterteilungen gemischt werden, beginnt mit einer aufsteigenden diatonischen Terz-Sequenz, die im zweiten Takt zu einem absteigenden Sextolenlauf wird.

Dieses Beispiel eignet sich hervorragend als Lick zum loopen, da das Ende von Takt zwei schön an den Anfang von Takt eins anknüpft, wenn man nach der letzten Note einfach zwei Bünde nach unten rutscht.

Beispiel 6j:

Wenden wir uns nun der Pentatonik zu!

Unter Verwendung der D-Moll-Pentatonik aus der zweiten Stufe der C-Dur-Tonleiter hat Beispiel 6k einen kaskadenartigen Klang, wenn absteigende Einheiten über zwei- und dreisaitige Sätze gespielt werden.

Für die ersten acht Töne wird kurz die dritte und zweite Moll-Pentatonik-Box verwendet, dann wird die Sequenz zu einer dreisaitigen Kaskade in der ersten Box mit einem kurzen Besuch der fünften Box darunter am Ende von Takt zwei.

Beispiel 6k:

Die pentatonische Sequenzeinheit in D-Moll in Beispiel 6l erstreckt sich über acht Noten, so dass sie sich vielleicht etwas beliebig anfühlt, bis du den ersten Durchlauf ein paar Mal durchgespielt hast.

Anstatt in jeden neuen Schritt der Sequenz zu gleiten, ist der Slide innerhalb der Haupteinheit zwischen der sechsten und siebten Note enthalten.

Am Ende des zweiten Taktes werden die letzten beiden Noten der Sequenz durch zwei Noten auf der G-Saite ersetzt, um das zweisaitige Motiv auf die D-Saite und die G-Saite zu *übertragen*.

Beispiel 6l:

Die Takte eins bis drei des Beispiels 6m bestehen aus *absteigenden Dreiern* und kombinieren die Noten der A-Moll-Pentatonik (A C D E G) mit einer B-Note aus der natürlichen Molltonleiter in A.

Das hexatonische (sechstönige) Muster bewegt sich in jedem Takt eine Oktave nach unten bis zur *aufsteigenden* Sequenz in natürlich Moll in Takt vier.

Beispiel 6m:

Absteigende Fünfer in der pentatonischen Box erzeugen ein cooles, verschobenes Gefühl, wenn sie als 1/16-Noten gespielt werden.

In Beispiel 6n wird die erste A-Moll Pentatonik-Box in Fünferschritten durch den ersten Takt und bis zum ersten Schlag des zweiten Taktes sequenziert. Ab dem zweiten Schlag des zweiten Taktes verwendet die A-Moll-Tonleiter *aufsteigende Fünfer* auf der D-Saite und der G-Saite, genau wie in Beispiel 5m auf der A-Saite und der D-Saite.

Ab Takt drei, zweiter Schlag, kehrt die pentatonische Tonleiter in aufsteigenden Fünfern bis zum Ende des Licks zurück.

Beispiel 6n:

Die Sequenzen in diesem Kapitel bieten bereits ein Sammelsurium an coolen Konzepten, die man auf Tonleitern anwenden kann, aber du solltest es nicht dabei belassen.

Jedes Mal, wenn du bei einem Gitarristen eine Idee *hörst, die dir gefällt*, analysiere sie. Suche nach dem Konzept hinter der Picking-Linie und schaue, wie sie noch angewendet werden kann.

Wir haben alle Zugang zu den gleichen Tonleitern - es kommt darauf an, was wir damit machen, um uns von allen anderen zu unterscheiden!

Kapitel Sieben: Zusätzliches Übungsmaterial

Abgesehen von einer Handvoll chromatischer Übungen konzentrierte sich der Großteil des in den vorangegangenen Kapiteln behandelten Materials auf Licks, mit denen sich die Technik weiterentwickeln lässt, während sie auf echte Musik anwendbar sind.

Ab und zu kann es aber auch Spaß machen und gut für die Entwicklung der eigenen Fähigkeiten sein, an etwas Absurdem zu arbeiten, wie z.B. Fingerübungen, die in Songs oder Solos nichts zu suchen haben!

Bei jedem der Beispiele werde ich dir sagen, was die jeweilige Übung bewirken soll. Du kannst sie in deine reguläre Übungsroutine mit den musikalischeren Übungen einbauen oder sie zum Aufwärmen verwenden.

Beispiel 7a ist eine abwechselnde 4-3-2-1- und 1-2-3-4-Übung, bei der die Fingersätze auf vier Saiten aufgeteilt sind. Übungen mit einer Note pro Saite sind ein guter Test für das Alternate Picking, da du jede Saite verlässt, sobald du sie angespielt hast.

Beispiel 7a:

Eine weitere 1-2-3-4-Übungsvariante, Beispiel 7b, legt die ersten beiden Finger auf eine Saite und die anderen beiden Finger auf die nächste Saite und wechselt dann zwischen den Saitenpaaren.

Bei einer geraden Anzahl von Noten und einem Abschlag zu Beginn, verlässt das Plektrum jede Saite nach einem Aufschlag.

Beispiel 7b

Um die vorangegangene Übung in ein Abschlags-Übungslick umzuwandeln, wird die erste Note vom Anfang entfernt und an das Ende gesetzt.

Wenn du mit einem Abschlag beginnst, erhält jede Note den umgekehrten Plektrumanschlag als vorher.

Beispiel 7c:

Viele Spieler beklagen sich, dass es schwierig sein kann, den dritten und vierten Finger der Greifhand auseinanderzuhalten. Um dieses Problem zu verdeutlichen, werden in Beispiel 7d diese Finger zweimal auf jeder Saite eingesetzt, bevor der zweite und der erste Finger jeweils einmal zum Einsatz kommen.

Im dritten Takt werden die Rollen vertauscht, damit die ersten beiden Finger mehr zu tun haben.

Beispiel 7d:

Die nächste Übung ist eine weitere 1-2-3-4-Variante, bei der die Saitensprünge größer werden, während der zweite und dritte Finger auf eine höhere Saite verlagert werden, bis die hohe E-Saite im zweiten Takt erreicht wird.

Da es zwei Töne pro Saite und einen Downstroke zu Beginn gibt, wirst du am Outside Picking arbeiten und die Finger etwas dehnen.

Der Sprung von der tiefen E-Saite zur hohen E-Saite ist eine gute Koordinationsübung.

Beispiel 7e:

Beispiel 7f ist eine Art Crosspicking-Übung, die in jedem Takt von zwei Saiten auf vier Saiten anwächst - perfekt, um den Saitenwechsel zu trainieren. Um die Sache noch etwas spannender zu machen, kannst du sie auch mit einem Aufschlag beginnen. Die Platzierung des Inside- und Outsidepickings ist umgekehrt und erfordert gute Konzentration, um fehlerfrei gespielt zu werden.

64

Beispiel 7f:

Für das Training von Fingerkraft, Dehnung und Synchronisation werden in Beispiel 7g jeweils Paare benachbarter Finger verwendet, um von der hohen E-Saite zur tiefen E-Saite zu gelangen, das nächste Paar, um wieder nach oben zu gelangen, und so weiter.

Diese Übung kann anstrengend sein, da sie jedes Mal eine Ganztondehnung erfordert. Wenn es unangenehm wird oder du Schmerzen hast, solltest du nicht weitermachen.

Um die Übung zu erleichtern, verschiebe sie in eine höhere Position. Um den Schwierigkeitsgrad zu erhöhen, gehe in eine niedrigere Position.

Beispiel 7g:

Das Beispiel 7h kombiniert eine weite Dehnung, Saitensprünge und Wechselschläge. Es kann einfacher oder schwieriger gestaltet werden, indem entweder die Form neu positioniert oder die Intervalldehnung erhöht bzw. verringert wird.

Du wirst durchgehend den Zeige- und den kleinen Finger benutzen.

Beispiel 7h:

Wenn man den 15. Bund zu der vorherigen Dehnung hinzufügt, erzeugt Beispiel 7i eine Reihe von verminderten Dreiklängen auf jeder Saite. Dadurch, dass alle Dreiklänge in der gleichen Position gespielt werden, klingt das Lick sehr chromatisch, da wir elf der zwölf Töne der chromatischen Tonleiter über sechs Saiten verteilt haben.

Jeder aufsteigende Saitenwechsel erfolgt nach einem Abschlag, während absteigende Saitenwechsel nach Aufschlägen erfolgen.

Beispiel 7i:

Beispiel 7j, eine weitere Übung mit einer Note pro Saite, bewegt ein sus2-Arpeggio chromatisch auf und ab und bietet gleichzeitig eine schöne Dehnungs- und Crosspicking-Übung.

Beispiel 7j:

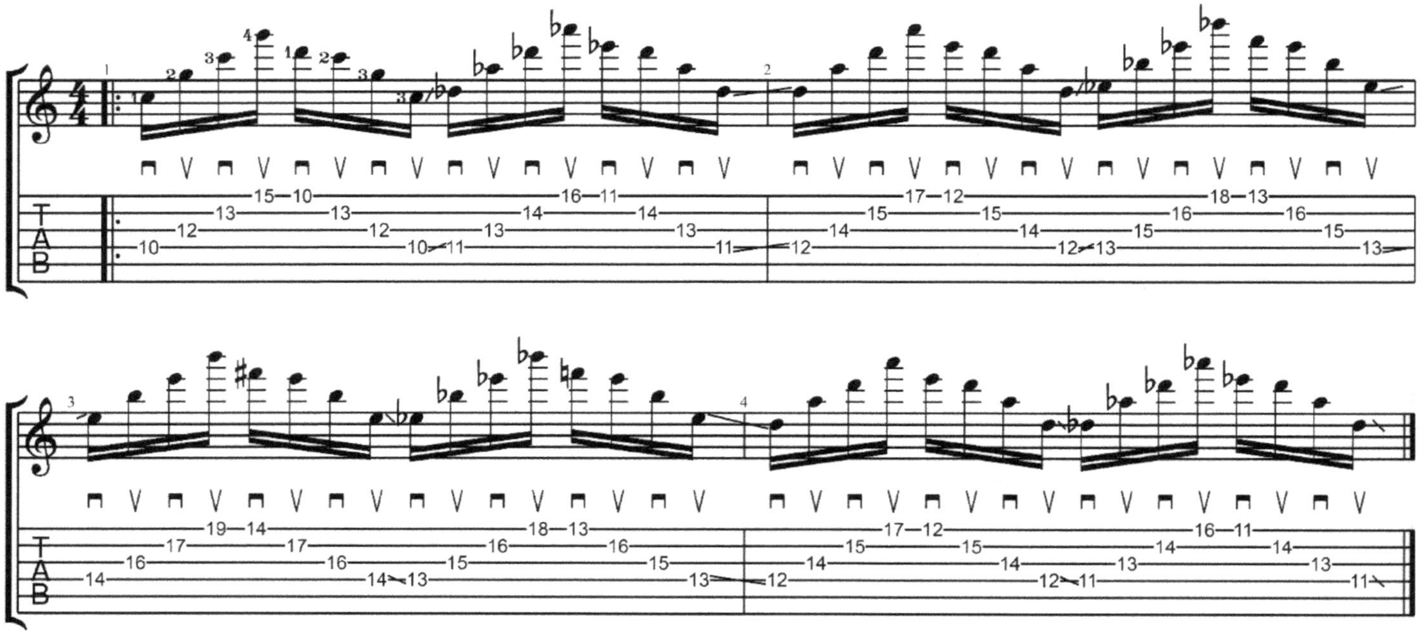

Kapitel Acht: Abschließende Etüden

Um das Buch musikalisch abzuschließen, habe ich drei Etüden mit verschiedenen Herausforderungen und praktischen Anwendungen der bisher vorgestellten Konzepte komponiert.

Ich habe jede der Etüden in einem Tempo gespielt, das sich für mich instinktiv richtig anfühlte, aber es steht dir frei, die Etüden in einem Tempo zu üben, das deinen Fähigkeiten oder deinem Geschmack entspricht, sei es langsamer oder schneller.

Manchmal ist Musik genau dann richtig, wenn sie entspannt und unaufdringlich ist. In anderen Fällen möchtest du vielleicht, dass der Zuhörer das Gefühl hat, auf dem Beifahrersitz eines rasenden Autos zu sitzen, oder du möchtest an die Grenzen deiner Fähigkeiten gehen.

Da bei diesen Stücken Alternate Picking über alle Saiten verwendet wird und die Saiten nach Auf- und Abschlägen in gleichmäßiger Verteilung gewechselt werden müssen, ist es ratsam, mit dem Material aus den Kapiteln vier, fünf und sechs gut auf diese Etüden vorbereitet zu sein.

Wenn du bei einem bestimmten Abschnitt nicht weiterkommst, sei es wegen des Tempos oder der Mechanik, isoliere diesen Abschnitt zur Diagnose. Wenn du herausgefunden hast, woran es liegen könnte, suche nach ähnlichen Beispielen in den früheren Abschnitten des Buches.

Lasst uns shredden!

Abschlussetüde No. 1: Laid Bach

Die erste Etüde, *Laid Bach* (Beispiel 8a), ist von den vielen Präludien von Johann Sebastian Bach inspiriert. Barockmusik eignet sich hervorragend zum Lernen von Picking-Linien und enthält mehrere interessante melodische Mittel wie Sequenzierung und Pedalpunkt.

Auf der Audioaufnahme habe ich dieses Stück mit 105 bpm gespielt - langsam genug, um den Melodien etwas Anmut zu verleihen, und schnell genug, um den letzten Sextolenlauf zu einer Herausforderung zu machen.

Laid Bach ist in der Tonart C-Dur geschrieben und enthält geradzahlige und ungeradzahlige Picking-Läufe, kreiselnde Licks und Sequenzen, bei denen die Saiten nach Ab- und Aufschlägen gewechselt werden müssen.

Studiere jeden Takt einzeln und beginne dann, zwei- und viertaktige Abschnitte zusammenzusetzen, bevor du das gesamte Stück versuchst.

Beispiel 8a:

Abschlussetüde No. 2: Pent Up

Die nächste Etüde wechselt das Genre und ist ein pentatonisches Picking-Festival in der Tonart F#-Moll.

Inspiriert von großen pentatonischen Spielern wie Paul Gilbert, Kee Marcello und Vinnie Moore, ist *Pent Up* eine Funk-Rock-Etüde, die mit 130bpm gespielt wird. Es enthält auch einige diatonische 3nps Läufe aus der A-Dur / F#-Moll Skala.

Die Licks in diesem Stück wechseln zwischen Saitenwechseln nach Ab- und Aufschlägen, daher solltest du die verwobenen pentatonischen Linien etwas langsamer spielen, wenn du bemerkst, dass das Plektrum zu flattern beginnt. In solchen Situationen solltest du die Licks in kleine Stücke aufteilen, und sei es nur ein paar Schläge auf einmal. Konzentriere dich auf die Saitenwechsel und versuche, die Bewegungen von einer Saite zur nächsten zu reduzieren.

In den Takten sieben und acht beginne ich den 1/16-Noten-Sextolenlauf mit einem Abschlag nach einer 1/8-Notenpause, so wie ich ihn am Anfang des Taktes von einem Abschlag aus zupfen würde. Wenn du lieber auf jedem Schlag mit einem Abschlag landen möchtest, kannst du die Anschläge in diesem Abschnitt umkehren.

Beispiel 8b:

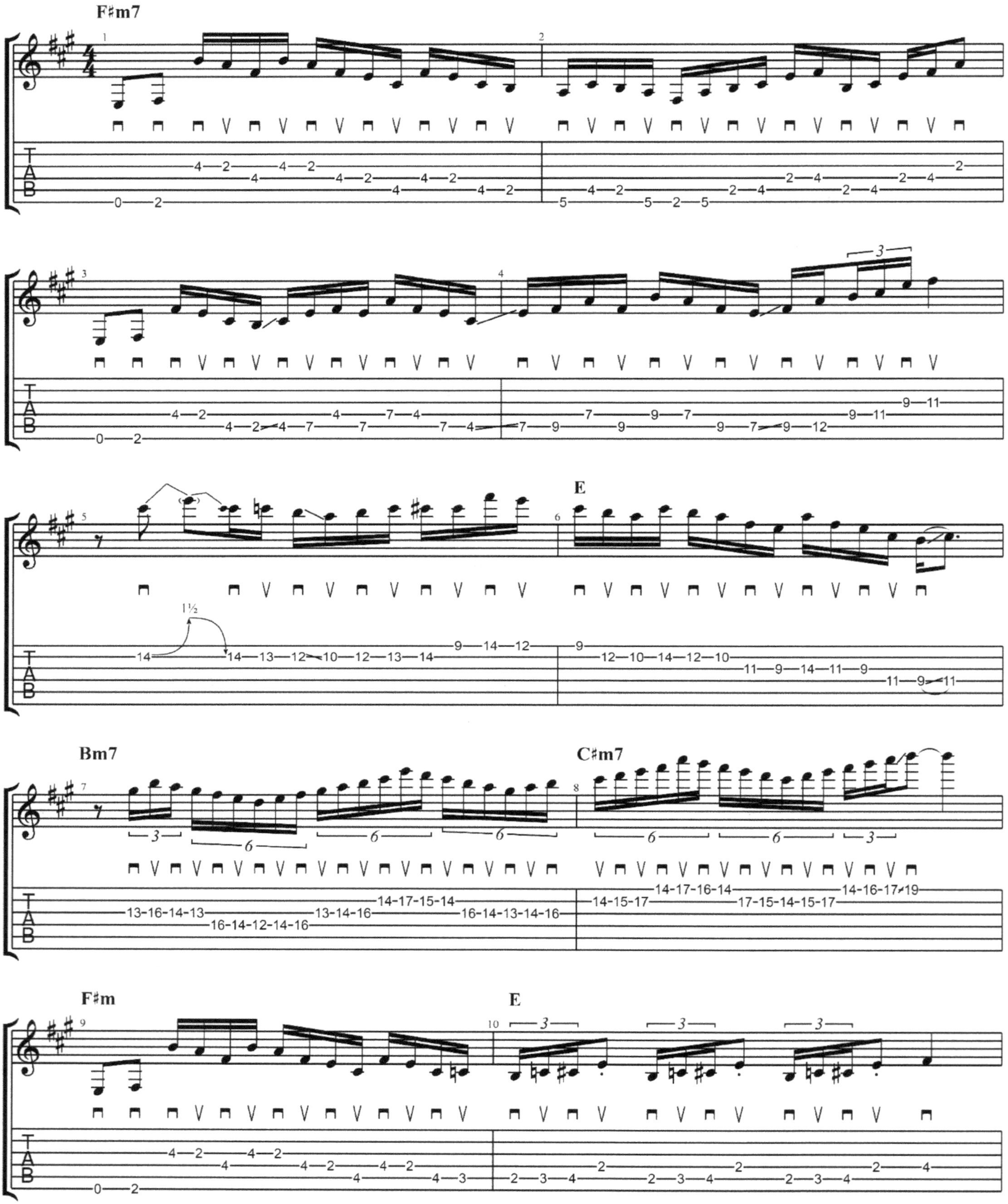

Abschlussetüde No. 3: Bumble Cee Bee

Für die letzte Etüde, *Bumble Cee Bee*, ist es an der Zeit, noch feuriger zu werden.

Diese Etüde ist eine Anspielung auf Nikolai Rimsky-Korsakovs *Hummelflug* und verwendet Unmengen von chromatischen Durchgangsnoten. Ich habe sie für das Audiobeispiel mit 195 bpm gespielt.

Auch wenn die Fülle der Noten etwas willkürlich erscheinen mag, so ist doch jede Idee mit dem darunter liegenden Akkord verbunden. Die Harmonie stammt aus der Tonart A-Moll.

In den Takten eins und zwei sind die Noten am 5. Bund auf der G- und B-Saite Akkordtöne des A-Moll-Dreiklangs (C bzw. E). Nach einem einsaitigen Slide-Lick in Takt drei werden die Phrasen der ersten beiden Takte transponiert, um dem D-Moll-Akkord in Takt vier und fünf zu entsprechen.

Die verminderten Arpeggien in Takt sechs gehören zur harmonischen Molltonleiter in A, und in den Takten neun und zehn bilden Saitensprung-Arpeggien den Rahmen für weitere chromatische Durchgangstöne.

Diese Etüde ist definitiv eine, die man zum Lernen in einzelne Taktabschnitte unterteilen sollte!

Beispiel 8c: Bumble Cee Bee

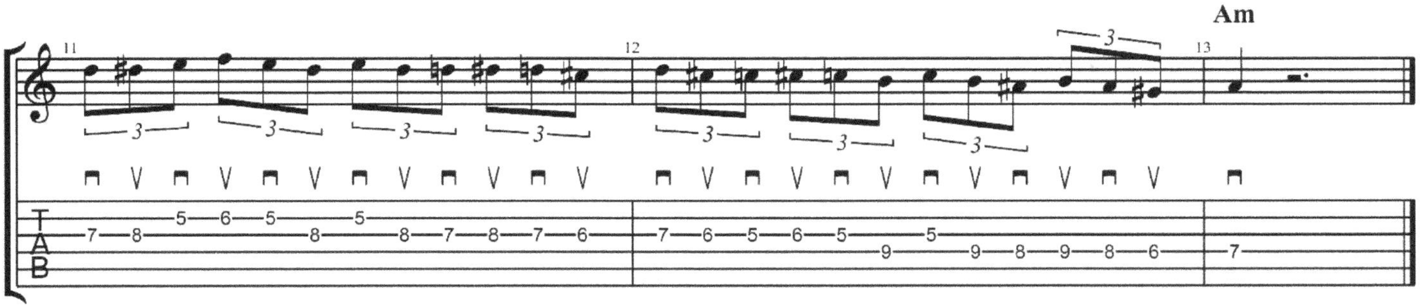
Am
11
12
13
T
A
B

Hörtipps und Repertoire

Jeder Roadtrip braucht gute Musik. Hier ist eine Liste von Künstlern und Songs mit Alternate Picking, das zum besten gehört, das du hören wirst!

Verwende diese Tracks als Inspiration oder als Studienmaterial. Wähle Licks oder Abschnitte von Songs aus, die dich musikalisch interessieren und gleichzeitig eine Herausforderung darstellen. Je mehr dir etwas gefällt, desto größer ist die Chance, dass du dran bleibst.

Wenn du Transkriptionen von Songs hast, die du lernen möchtest, notiere dir, was in Bezug auf den Aufbau eines Licks, die Anforderungen an den Saitenwechsel und das anzustrebende Tempo passiert. Gehe dabei genauso vor, wie wir es in diesem Buch für das Alternate Picking aufgeschlüsselt haben, Schritt für Schritt.

Künstler	Track	Album
Vinnie Moore	*Into The Future*	Time Odyssey
Vinnie Moore	*In Control*	Mind's Eye
John Petrucci	*Glasgow Kiss*	Suspended Animation
John Petrucci	*The Glass Prison (Dream Theater)*	6 Degrees of Inner Turbulence
Paul Gilbert	*Fuzz Universe*	Fuzz Universe
Paul Gilbert	*Technical Difficulties* (Racer X)	Technical Difficulties
Chris Brooks	*Crack in The Hourglass* (shameless plug)	The Master Plan
Steve Vai	*Eugene's Trick Bag*	Crossroads Soundtrack
Al Di Meola	*Mediterranean Sundance*	Elegant Gypsy
Al Di Meola	*Race with the Devil on a Spanish Highway*	Elegant Gypsy
Steve Morse	*Tumeni Notes*	High Tension Wires
Kee Marcello	*Flight of The BumbleKee* (Europe)	Europe, Live at Hammersmith
John McLaughlin	*Belo Horizonte*	Belo Horizonte
John McLaughlin	*Kriti* (with Shakti)	A Handful of Beauty
Joey Tafolla	*Six String Soufflé*	Infra Blue
Andy James	*Burn It Down*	Self-titled
Yngwie Malmsteen	*Hot On Your Heels*	Steeler

Schlussfolgerung

Das Gute am alternativen Picking ist, dass es sich nicht auf ein bestimmtes Genre festlegen lässt. Anstatt ein Werkzeug für Shred-Gitarre, Bluegrass oder Jazz zu sein, kann man die Mechanik eines guten Pickings auf alles anwenden, was einem gefällt.

Jetzt, wo du das Ende des Buches erreicht hast, ist es an der Zeit, dass du dich mit allem befasst, was etwas mehr Arbeit erfordert. Wenn du mit den Ergebnissen zufrieden bist, kannst du deine eigenen Licks kreieren, über deine eigenen Stücke improvisieren und deine Lieblingskonzepte auf andere Skalen und Modi übertragen.

Um dein Arsenal an Gitarrenkünsten zu erweitern, könntest du die Technik der Greifhand in meinem Buch *Legato Gitarrentechnik* erkunden oder in die Welt der Arpeggios mit *Sweep Picking Speed Strategien für Gitarre* eintauchen.

Ich hoffe, dass dir die Alternate Picking-Konzepte aus diesem Buch gefallen haben, und ich danke dir, dass ich dich dabei begleiten durfte.

Chris Brooks

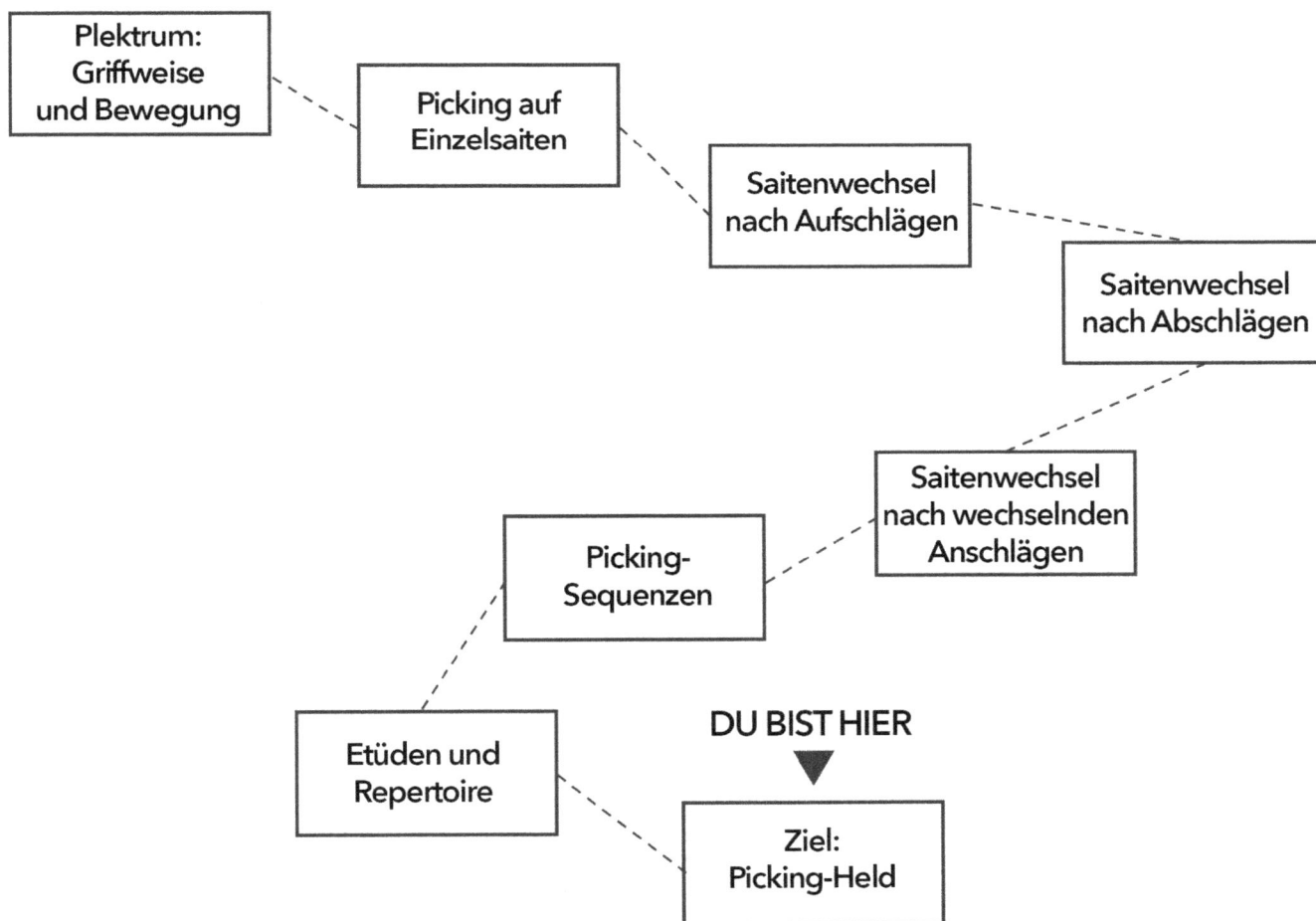

Auch von Chris Brooks erhältlich

Neoklassische Geschwindigkeitsstrategien für Gitarre

Sweep Picking Speed Strategien für Gitarre

Arpeggio-Gitarrensolo für Fortgeschrittene

Sweep Picking Speed Strategies for 7-String Guitar

100 Arpeggio Licks for Shred Guitar

Legato-Gitarrentechnik Meistern

The Complete Guitar Technique Speed Strategies Collection

Erfahre mehr, indem du den QR-Code unten scannst:

Oder gehe auf **www.fundamental-changes.com/product-tag/chris-brooks/**